BEI GRIN MACHT SICH IHR WISSEN BEZAHLT

- Wir veröffentlichen Ihre Hausarbeit, Bachelor- und Masterarbeit

- Ihr eigenes eBook und Buch - weltweit in allen wichtigen Shops

- Verdienen Sie an jedem Verkauf

Jetzt bei www.GRIN.com hochladen und kostenlos publizieren

Bibliografische Information der Deutschen Nationalbibliothek:

Die Deutsche Bibliothek verzeichnet diese Publikation in der Deutschen Nationalbibliografie; detaillierte bibliografische Daten sind im Internet über http://dnb.d-nb.de/ abrufbar.

Dieses Werk sowie alle darin enthaltenen einzelnen Beiträge und Abbildungen sind urheberrechtlich geschützt. Jede Verwertung, die nicht ausdrücklich vom Urheberrechtsschutz zugelassen ist, bedarf der vorherigen Zustimmung des Verlages. Das gilt insbesondere für Vervielfältigungen, Bearbeitungen, Übersetzungen, Mikroverfilmungen, Auswertungen durch Datenbanken und für die Einspeicherung und Verarbeitung in elektronische Systeme. Alle Rechte, auch die des auszugsweisen Nachdrucks, der fotomechanischen Wiedergabe (einschließlich Mikrokopie) sowie der Auswertung durch Datenbanken oder ähnliche Einrichtungen, vorbehalten.

Impressum:

Copyright © 2016 GRIN Verlag, Open Publishing GmbH
Druck und Bindung: Books on Demand GmbH, Norderstedt Germany
ISBN: 978-3-668-15160-4

Dieses Buch bei GRIN:

http://www.grin.com/de/e-book/316345/verhaltenstherapeutisches-coaching-methoden-zur-ueberwindung-von-schuechternheit

Moritz Wenninger

Verhaltenstherapeutisches Coaching. Methoden zur Überwindung von Schüchternheit

GRIN Verlag

GRIN - Your knowledge has value

Der GRIN Verlag publiziert seit 1998 wissenschaftliche Arbeiten von Studenten, Hochschullehrern und anderen Akademikern als eBook und gedrucktes Buch. Die Verlagswebsite www.grin.com ist die ideale Plattform zur Veröffentlichung von Hausarbeiten, Abschlussarbeiten, wissenschaftlichen Aufsätzen, Dissertationen und Fachbüchern.

Besuchen Sie uns im Internet:

http://www.grin.com/

http://www.facebook.com/grincom

http://www.twitter.com/grin_com

Coaching　　　　　　　　Moritz Wenninger

Aufgabe:	Beschreibung eines Coaching Klienten, dessen Anliegen und geeignete Coaching-Methoden dieses anzugehen

Inhaltsverzeichnis

1 DER KLIENT UND SEIN ANLIEGEN 3

2 DER VERHALTENSTHERAPEUTISCHE ANSATZ 4

2.1 Theoretische Grundlagen (Pieter, 2015, S. 91 ff.) 4

2.2 Kognitive Umstrukturierung 6

2.3 Kommunikationstraining 8

2.4 Konfrontationsverfahren 9

3 LITERATURVERZEICHNIS 11

4 ABBILDUNGS- UND TABELLENVERZEICHNIS 12

4.1 Abbildungsverzeichnis 12

4.2 Tabellenverzeichnis 12

1 Der Klient und sein Anliegen

Der Klient ist ein 27 jähriger Mann, der nachfolgend genauer beschrieben wird:

Tab. 1: Klientenbeschreibung

Beruf	Bürotätigkeit
Wohnsituation	Alleine, in einer 60.000 Einwohner Stadt
Familienstand	Ledig, keine Kinder
Hobbys	Rad fahren, Trompete spielen
Größe und Gewicht	173 cm, 90 kg
Äußeres Erscheinungsbild	Gepflegt, kurze dunkelblonde Haare, kein Körperschmuck
Charaktereigenschaften	Ruhig, zurückhaltend, humorvoll

Der Klient sucht den Coach auf, da es ihm schwer fällt, andere Personen anzusprechen bzw. mit diesen in Kontakt zu kommen, insbesondere mit dem anderen Geschlecht. Die erste Kontaktaufnahme scheitert meist daran, weil er nicht weiß, wie das Gespräch begonnen werden soll und er der Annahme ist, auf eine Frau sowieso nicht attraktiv genug zu wirken. In ihm steigen dann Gedanken hoch wie: „Ich bin doch zu langweilig / zu unsportlich" oder „Ich werde nur stottern und kaum ein Wort heraus bringen", „was sollte sie denn schon anziehend an mir finden?".

Seitdem er sich zuletzt vor knapp zwei Jahren überwunden hatte und trotz seiner enormen Aufregung und dem Steigen des Pulses eine Frau ansprach und eine Absage, weil er nicht ihr Typ gewesen sei, bekommen hatte, hat er keinen weiteren Anlauf mehr unternommen.

Bei Personen, die er gut genug kennt, klappt das Gespräch ganz gut, jedoch bei Fremden ist er generell zurückhaltend, besonders eben bei Frauen. Sonst läuft sein Leben in geregelten Bahnen, er hat einen Vollzeit Job und zwei regelmäßig betriebene Hobbys. Meist radelt er zur Arbeitsstelle und spielt zwei Mal wöchentlich in einer Band Trompete.

Sein Äußeres ist gepflegt, bei normalem Kleidungsstil mit einer leicht molligen Figur.

2 Der Verhaltenstherapeutische Ansatz

2.1 Theoretische Grundlagen (Pieter, 2015, S. 91 ff.)

Eine einzige feststehende Definition des Begriffes Verhaltenstherapie gibt es aufgrund der dauerhaften Weiterentwicklung nicht. Generell wird davon ausgegangen, dass die meisten Verhaltensstörungen erlernt sind und diese auch durch gegenteilige Verhaltensweisen überdeckt werden können. Es geht darum, die Kognitionen (Anschauungen, Empfindungen, Wahrnehmungen) des Klienten zu veranschaulichen und zu bewerten, diese der Vernunft entgegenstehenden Einstellungen zu berichtigen und dann das Erlernte anzuwenden. Dadurch wird der Klient letztlich befähigt, im Alltag zurecht zukommen und so seine Zukunft sowie seine eigenen Einstellungen und Haltungen bewusst zu gestalten.

Der Mensch selbst gestaltet eigenverantwortlich seine Entwicklung und die Bearbeitung der Problemstellung, indem er reflektiert, reguliert und steuert, wobei der Coach diesen Veränderungsprozess moderiert. Es werden anhand der Problemdefinition Zielvereinbarungen getroffen, die das gute Ergebnis für den Klienten, den zeitlichen Rahmen des Prozesses und die angewandten Methoden, beinhalten.

Es gibt drei Ebenen auf denen der Klient sein Verhalten bearbeiten kann:

- **Alpha-Variablen**: alle Einflüsse außerhalb der Person, wie zum Beispiel andere Personen(-gruppen) oder Ereignisse.
- **Beta-Variablen**: Verhaltensweisen, die von der Person selbst in Gang gesetzt und aufrecht erhalten werden, welche meist Ergebnisse früherer Erfahrungen sind.
- **Gamma-Variablen**: alle Einflüsse des genetischen und biologischen Systems, die für die menschliche Informationsverarbeitung nötig sind.

Ein weiteres Merkmal der Verhaltenstherapie stellt das Störungsmodell dar, welches besagt, dass Beschwerden und Schwierigkeiten nicht als Symptome einer Erkrankung zu betrachten sind, sondern diese lediglich ein Problem zwischen einem Ist-Zustand und einem Soll-Zustand sind.

Zusammengefasst noch einmal die **Grundprinzipien** der Verhaltenstherapie:
- konsequente Ausrichtung auf den Klienten und seine Problemstellung
- partnerschaftlicher Umgang zwischen Klient und Coach
- gemeinsam erarbeitete Zieldefinition mit zeitlich definiertem Rahmen
- langfristige Befähigung des Klienten, Probleme eigenständig zu bewältigen

Im Gegensatz zur Psychoanalsye, dem klientenzentrierten Ansatz und auch dem systemischen Ansatz, bei denen der Klient das Konzept in der Regel nicht kennt und auch die Strategien nicht durchschaut, verhält sich der Verhaltenstherapeut (Coach) transparent und klärt über die geplanten Therapiemethoden und deren Wirkweise auf und verfolgt letztlich das Ziel, den Klienten zu seinem eigenen Therapeuten zu machen. Dies wird zum Beispiel dadurch erreicht, dass der Klient lernt, sich zunehmend selbst zu verstärken, damit er unabhängig wird und durch die erfahrene Selbstkontrolle Autonomie erlangt (Boeger, 2009, S. 187). Nachfolgend nun drei geeignete Methoden, die Problemstellung des Klienten anzugehen. Grundlage davon ist, dass der Klient selbst bestimmt und zulässt, wie weit sein Verhalten verändert werden soll, um so seine Handlungsfähigkeit zu erweitern.

2.2 Kognitive Umstrukturierung

Diese Methode beschreibt die gewünschte Veränderung eines problembehafteten Verhaltens mit Hilfe neuer gedanklicher und kognitiver Erfahrungen. Eine der Grundannahmen besteht darin, dass negative Denkweisen im Ergebnis auch das gezeigte Verhalten negativ beeinflussen und dass letztlich nicht Ereignisse zu Stress führen, sondern nur deren Wahrnehmung und Interpretation. Das Problem ist oft nicht das Problem, sondern nur die eigene Sichtweise auf eine Sache. Der Coach sollte für ein erfolgreiches Anwenden der Methode verbal versiert, ausdauernd, offen, humorvoll und mutig zur Konfrontation sein. Des Weiteren ist es unerlässlich, dass er sich in den individuellen Bezugsrahmen des Klienten hineinversetzen kann, geistige Flexibilität mitbringt und Vertrauen in die Veränderungsmöglichkeit des Klienten investiert.

Die kognitive Umstrukturierung besteht aus fünf Schritten. Innerhalb des **ersten Schrittes** wird dem Klienten das kognitive Modell anhands des ABC-Modells erklärt. Dabei ist A der Auslöser einer Situation, B die Interpretation dieser Situation und C letztlich das gezeigte Verhalten. Fiktiv wird dem Klienten eine Situation vorgegeben, wobei dieser nun Aussagen darüber treffen soll, wie er reagieren würde und welche Einstellungen, Empfindungen und Gedanken ihn dazu gebracht haben. Anschließend wird er befragt, was mögliche andere Reaktionen hätten sein können und welche Grundannahmen dazu geführt haben könnten. Es soll so verdeutlicht werden, dass seine Reaktion durchaus nachvollziehbar ist, jedoch eine vielzahl an Handlungsoptionen in einer bestimmten Situation offen stehen. Weiterhin könnte der Coach Fragen stellen, wie beispielsweise „Kennen sie jemanden der Situation A ebenfalls durchlebt hat? Wie ist dieser damit umgegangen?" (Pieter, 2015, S. 96 f.).

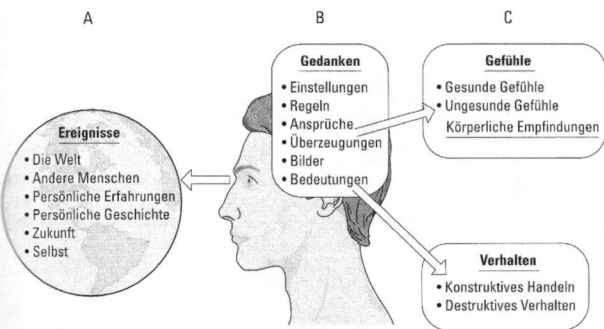

Abb. 1: ABC-Modell der kognitiven Umstrukturierung (uni-wh, 2016)

Der **zweite Schritt** besteht darin, die dysfunktionale Kognition aufzudecken, indem Gedanken sowie die zugrundeliegenden Grundannahmen eines konkreten Problems betrachtet werden. Die problembehaftete Ausgangssituation (Frauen ansprechen) wird gemeinsam spezifiziert. Dies geschieht mit Hilfe der Selbst-Exploration, wobei sich der Klient mit seinem eigenen Erleben, Wahrnehmungen, Erfahrungen und Einstellungen auseinandersetzt. Vier Schritte werden dabei durchlaufen:

- Exploration der auslösenden Situation (A)
- Exploration des belastenden Verhaltens nach subjektiv erlebter Belastung (C)
- Exploration der konkreten Veränderungen in zeitlicher Abhängigkeit (C)
- Exploration der dysfunktionalen Kognition nach erfolgter Zuweisung von C an A (B)

Dieses Reflektieren führt dazu, sich selbst, sein Verhalten und die eigene Gefühlswelt immer wieder zu hinterfragen, um Erklärungen zu finden und gewünschte Veränderungen zu definieren (Pieter, 2015, S. 99).

Der **dritte Schritt** ist der wesentliche Teil im Rahmen der kognitiven Umstrukturierung und stellt die dysfunktionale Funktion in Frage. Dabei wird die Auslegung einer Situation (B) von allen möglichen Seiten zusammen beleuchtet. Glaubenssätze wie zum Beispiel „was sollte sie denn schon an mir anziehend finden?" kommen so auf den Prüfstand. Sinnvoll ist es, jeweils immer nur eine dysfunktionale Kognition in Frage zu stellen und dabei stets den Bezug zur auslösenden Situation herzustellen. Eine kleine Hausaufgabe könnte darin bestehen, dem Klienten aufzutragen, seine dysfunktionalen Kognitionen des Alltags zu beschreiben, um so eine erste Distanzierung zu diesen zu erreichen und die Grundlage für die nächste Sitzung zu legen.

Der **vierte Schritt** stellt das Erarbeiten funktionaler Kognitionen dar. Nachdem die dysfunktionalen Kognitionen erkannt und infrage gestellt wurden, werden nun zielführende positive Kognitionen festgelegt, die eine Alternative darstellen. So können Bewältigungssätze formuliert werden, die es dem Klienten ermöglichen in zukünftigen Situationen (A) seine negativ behafteten Emotionen positiv in Richtung seiner Veränderungsziele (C) zu beeinflussen (Pieter, 2015, S. 100). So könnte der Klient sich selber sagen „Mach dich nicht verrückt, sie wird dich nicht fressen".

Um letztlich zum Erfolg zu gelangen, wird innerhalb des **fünften Schrittes** die neue zielführende Kognition eingeübt. Nur das wiederkehrende Bewusstmachen und mehrmaliges Anwenden führen zum dauerhaften Erfolg. In Abhängigkeit von der Schwere und Bestandskraft der dysfunktionalen Kognition, bedarf es einer hohen Motivation des Klieten. Ist diese vorhanden, so manifestieren und automatisieren sich schlussendlich neue Denkmuster und der Klient muss sich diese gar nicht mehr mühsam bewusst machen (Pieter, 2015, S. 102).

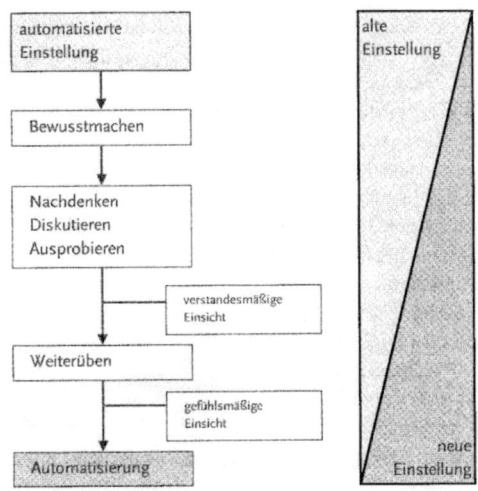

Abb 2.: Ablauf einer kognitiven Umstrukturierung (mentalmed, 2016)

Diese Methode wurde ausgewählt, da der Klient so erstmals verschiedene Sichtweisen auf sein Problem erhält und zu eigenständigem Nachdenken und Reflektieren angeleitet wird, das die Grundvoraussetzung darstellt, das Handeln langfristig positiv zu beeinflussen.

2.3 Kommunikationstraining

„Kommunikationstraining soll die Interaktion zwischen Menschen in Gruppen, in Paarbeziehungen sowie in der Berufswelt und im Privaten verbessern, indem es Konflikte vermeidet oder mildert und die Möglichkeit eines positiven Austausches eröffnet" (Zimmer, 2006, S. 146).

Inhalt eines Gesprächs ist nicht nur die Weitergabe von Infomationen, sondern auch Mimik, Gestik, Lautsärke, Stimmung und Emotion. Da jeder Mensch Infomationen und deren Übermittlung individuell interpretiert, ist es von enormer Bedeutung, sich mit diesem Sachverhalt auseinander zu setzen und die eigenen kommunikativen Fähigkeiten zu beleuchten, zu hinterfragen und so positiv zu verändern. Diese Methode wird ausgewählt, um den Klienten so auf die Praxis vorzubereiten, denn der erste Eindruck vom Gesprächspartner ist innerhab weniger Millisekunden gewonnen.

2.4 Konfrontationsverfahren

Durch die Konfrontation mit der vom Klienten gefürchteten Reizsituation soll dieser in die Lage versetzt werden, mit seiner Angst (vor Abweisung) umzugehen. Es geht darum, psychische Probleme dort zu verändern, wo sie ihren Auslöser haben. Diese unangenehme Situation, eine Frau anzusprechen, stellt für den Klienten einen aversiv konditionierten Reiz dar, der in der Folge ein Problemverhalten aufweist, was sich darin verdeutlicht, dass der Klient diese Situation meidet, oder aus ihr fliehen will. Doch letztlich vergrößert das Vermeiden dieses negativen Stimulus das Problemverhalten und hält es aufrecht. Schon beim Gedanken an diesen negativen Stimulus kommt es bei dem Klienten zu Angstgefühlen und das Gedankenkarussell beginnt sich zu drehen.

Ziel des Konfrontationsverfahrens ist es, zu vermeiden, dass die Flucht- und Vermeidungsstrategien sich konditionieren. Die angstauslösende Situation soll ausgehalten werden können, ohne negative Emotionen aufkommen zu lassen. Dies erfolgt durch eine geänderte Wahrnehmung mit Hilfe von Umdeutung und einer neuen Beurteilung des Stimulus (Pieter, 2015, S. 112).

Tab. 2: Verfahren der Konfrontationstherapie

Verfahren	Beispiel
Implosion: Klient stellt sich angstauslösende Situation vor und überzeichnet sie ins Unrealistische	Der Klient spricht eine fremde Frau an, immer mehr Freundinnen dieser Frau sammeln sich um sie.
Flooding: Klient wird in der Realität mit der Situation konfrontiert und diese im Ausmaß gesteigert	Klient spricht eine fremde Frau in ruhiger Umgebung an. Anschließend spricht er sie unter fremden Mithörern an.
Reizüberflutung: Kombination aus Implosion und Flooding	Klient stellt sich die Ansprache einer fremden Frau vor und soll dies danach auch durchführen
Habituationstraining: Klient wird in der Realität mit der Situation konfrontiert, jedoch mit steigender Intensität.	Die fremde Frau wird zuerst nur betrachtet und dann aber auch von ihm angesprochen.

Beim **Angstbewältigungstraining** soll der Klient lernen, mit der Situation umzugehen und einüben auf sie ohne Angst zu reagieren.

Bei der **systematischen Desensibilisierung** wird der Klient in Abstufungen mit der angstauslösenden Situation konfrontiert. Zuerst fiktiv in seiner Vorstellung, dann real.

Wenn es gelingt, eine mit der Angst für den Klienten normalerweise unvereinbare Reaktion herbeizuführen, so dass es zu einer teilweisen Unterdrückung der Angstreaktion kommt, wird die Verbindung zwischen Angstsituation und deren Angstreaktion abgeschwächt. Wichtig ist ein schrittweise Heranführen an den angstauslösenden Stimulus, gepaart mit einer nicht angsteinflößenden Kognition und Entspannungsübungen. Nachdem der Klient Entspannungstechniken erlernt hat, erfolgt im gemeinsamen Gespräch die Erstellung einer Angsthierarchie anhand derer konkrete Situationen mit einem Wert von 0-100 beschrieben werden, wobei 100 die am angstbehaftetste Situation ist. Nachdem der Klient in der Lage ist, sich selbst zu entspannen, und die Hierarchie erstellt wurde, stellt sich der Klient die Situation mit der geringsten Bewertung vor und darauf folgt eine Entspannungsphase. So steigt man die einzelnen Hierarchiestufen im Wechsel hinauf, wobei eine Sitzung 30 Minuten nicht überschreiten sollte.

Diese systematische Desensibilisierung kann nicht nur insensu, sondern auch in vivo erfolgen, wobei der Klient das gewünschte Verhalten demonstriert bekommt, dann Hilfestellung zum Nachahmen erhält und letztlich diese reduziert wird, damit er lernt, dass sein Verhalten keine Gefahr birgt (Pieter, 2015, S. 114 ff.).

Ausgewählt wird diese Methode, da sie abschließend nicht nur theoretisch die Problematik des Klienten behandelt, sondern auch mit realen Situationen praxisorientiert arbeitet. Mittels der ersten Methode der kognitiven Umstrukturierung wurde im Kopf des Klienten erst einmal ein Denkprozess angestoßen, der Veränderung begünstigt, anschließend mit dem Kommunikationstraining das eigene Auftreten verbessert und nun im letzten Schritt der Konfrontation der Bezug zur Praxis geschlagen. Nur so manifestieren sich die neuen Verhaltensweisen indem diese geübt und in den Alltag integriert werden.

3 Literaturverzeichnis

Boeger, A. (2009). *Psychologische Therapie- und Beratungskonzepte: Theorie und Praxis.* Stuttgart: Kohlhammer.

Mentalmed (2016). *Kognitive Stresstherapie.* Zugriff am 29.01.2016. Verfügbar unter http://www.mentalmed.de/wp-content/uploads/Stressmodell/Schema_KognitiveStresstherapie.jpg

Pieter, A. (2015). *Studienbrief Coaching II.* Saarbrücken: Deutsche Hochschule für Prävention und Gesundheitsmanagement.

Psychotherapiepraxis (2016). *Verhaltenstherapie.* Zugriff am: 29.01.2016. Verfügbar unter https://www.psychotherapiepraxis.at/img/verhaltenstherapie-sm.png

uni-wh (2016). *Das ABC der kognitiven Verhaltenstherapie.* Zugriff am 29.01.2016. Verfügbar unter http://dzd.blog.uni-wh.de/files/2014/12/Das-ABC-der-Kognitiven-Verhaltenstherapie.jpg

Zimmer, D. (2006). Das therapeutische Rollenspiel. In A. Batra, R. Wassermann & G. Buchkremer (Hrsg.), *Verhaltenstherapie. Grundlagen-Methoden-Anwendungsgebiete* (S. 97-104) (2., neu bearb. Aufl.). Stuttgart: Thieme.

4 Abbildungs- und Tabellenverzeichnis

4.1 Abbildungsverzeichnis

Abbildung 1: ABC-Modell der kognitiven Umstrukturierung
Abbildung 2: Ablauf einer kognitiven Umstrukturierung

4.2 Tabellenverzeichnis

Tabelle 1: Klientenbeschreibung
Tabelle 2: Verfahren der Konfrontationstherapie

BEI GRIN MACHT SICH IHR WISSEN BEZAHLT

- Wir veröffentlichen Ihre Hausarbeit, Bachelor- und Masterarbeit

- Ihr eigenes eBook und Buch - weltweit in allen wichtigen Shops

- Verdienen Sie an jedem Verkauf

Jetzt bei www.GRIN.com hochladen und kostenlos publizieren